여보, 밥 먹었어?

김편선

북인스토리

추천사

  슬프도록 아름다운 삶의 너에게

  단발머리 19살 여고생으로 만나 강산이 세 번 변하는 동안에도 여전히 나의 제자인 너에게 아름다운 삶을 배운다. 매년 하루 일찍 도착하던 꽃바구니로 스승의 날을 실감하던 내가 이제 정년퇴직을 두 달 앞두고, 다시 너에게 가슴 벅찬 선물을 받는구나.

  남편과의 사랑을 담은 시집 한 권. 그 가슴 시린 아름다운 삶에 동참하는 추천사를 쓰게 되는 선물에 그만 가슴이 먹먹해진다. 과하지 않게 잔잔한 일상어로 써 내려간 시는 내가 읽어본 시 중 최고로 담백한 사랑의 시다. 늘 먹던 밥 한 끼를 함께 할 수 없는 지금, 지난날들이 얼마나 소중했는지를 "여보, 밥 먹었어?"라는 일상의 말로 고백하는 너의 마음이 더 애틋하게 느껴진다. 일상적인 대화가 어떻게 사랑과 헌신을 고백하는 언어로 변할 수 있는지 너의 시는 담담히 보여주고 있다.

  너의 시를 읽으며 나 또한 스쳐 지나간, 그리고 지금도 스치듯 지나치고 있는 평범한 일상의 날들이 얼마나 소중한 사랑으로 쌓인 순간들이었는지 되돌아보게 된다. 누군가와 함께한 세월 속에서 피어나는 사랑은 우리가 흔히 겪는 일상적인 순간 속에서 그 진면목을 드러내지만 되돌아보아야만 알 수 있기 때문에 너의 시를 읽으며 나도 가슴에 "사랑의 순간"을 새기게 되었단다.

  소중한 순간을 한가득 안겨준 너의 선물에 감사하며 어떤 시련에도 아름다울 너의 삶을 진심으로 응원한다.

            2024년 12월 3일, 너의 삶을 진심으로 응원하는 선생님이

                        〈울산 제일중학교 수석 교사 송정열〉

추천사

　제가 아는 김편선 작가님은 오랜 시간 동안 문학적인 열정과 따뜻한 마음으로 많은 이들에게 영감을 주는 분입니다. 그녀의 글은 단순한 표현을 넘어서는 진정성과 삶을 바라보는 깊이가 담겨 있습니다.

　이번에 발간되는 시집은 그녀가 남편과의 만남에서 현재에 이르기까지, 그 관계 속에서 느낀 사랑과 삶의 이야기를 섬세하게 풀어낸 작품입니다. 소소한 순간 속에서 발견한 감정의 결을 아름다운 언어로 엮어내는 그녀의 능력은 독자의 마음을 울리는 힘을 지녔습니다.

　김편선 작가님은 꾸준히 글을 쓰면서 자신만의 색깔을 찾아왔고, 이번 시집은 남편에게 주는 선물이면서 삶의 전환점이 되는 티핑포인트라 할 수 있습니다.

　'여보 밥 먹었어?'라는 아주 사소한 물음이 깊은 울림이 되어 다가올 것입니다. 그녀의 시는 남녀노소 모두에게 깊은 여운을 남길 것이며 많은 이들로부터 사랑을 받을 것이라 확신합니다.

　친구이자 동료로서 그녀의 작품이 세상에 나올 수 있어서 너무 반갑고 기쁩니다. 이 시집이 독자들의 마음속에서 오랜 시간 동안 빛날 것을 믿으며, 기쁜 마음으로 추천의 글을 남깁니다.

〈전자책 Easy 대표 정새봄〉

프롤로그

스물여덟.
아직은 풋풋하던 그 시절에 한 남자를 만났다.
들어서는 그 남자를 보면서 가슴이 "쿵"하고 울렸다.

그 남자에게 따뜻한 밥을 해주고 싶었다.
그 남자와 함께 이야기를 나누는 것이 좋았다.
그 남자의 과묵함이 좋았고, 둘만 있을 때의 그 수다스러움도 좋았다.
그 남자의 목소리는 참으로 달았다.

어느 날부터인가 그 남자가 온통 잿빛이었다.
나조차 잿빛으로 물들어 가는 기분이었다.
잿빛을 벗어나 푸른 하늘을 보고 싶다는 생각을 참 많이도 했다.

어느 날, 그 남자가 쓰러졌다.
잿빛이 온통 흙빛으로 변했다.
그런데... 그 속에서 파란 하늘이 언뜻언뜻 보이기 시작했다.

온통 사랑이라 생각했던 시절.
온통 미움이라 생각했던 시절.
그리고 지금, 이 순간
그 남자 그리고 나

우리의 이야기를 써보려 한다.

목 차

추천사 ------------------------------ 2

프롤로그 ---------------------------- 4

목차   ---------------------------- 5

하나   가지볶음 하던 날 ----------------7

둘   암연조차 행복했던 날 ------------- 29

셋   잿빛의 날 --------------------- 51

넷   그래도 사랑 ---------------------73

다섯   그리고 사랑 ---------------------95

하 나

가지볶음 하던 날

쿵

아직 봄이 이르지 않은
봄날

그가 내 마음에 들어오는 소리

학원 교무실에 앉아 있는데, 문이 열리고 그가 들어섰다. "쿵"하고 내 마음이 놀란다. 들어서는 그는 나의 첫사랑을 닮아 있었다. 시간이 흘러 그를 보니 전혀 닮지 않았는데.

그래서 인연인가 보다.

가지볶음

그날 이전 나의

가지볶음은 늘
양념은 짜고 가지는 싱거웠다

설컹거리거나
물컹거리거나

그날 이후 나의

가지볶음은 어쩌다
가지에 양념이 적당히 스며들었다

설컹거리지도
물컹거리지도 않았다

그에게 따뜻한 밥을 해 먹이고 싶었던
그날

이전과 이후

그와 만나면서 밥을 못 챙겨 먹는 그가 참 신경 쓰였다. 실제 나도 잘 챙겨 먹지 않으면서도.
내가 맛을 제대로 못 내는 반찬이 콩나물국과 가지볶음이었는데, 가지에 사랑이 더해지니 늘 짜거나 싱거웠던 가지볶음이 가끔씩 제대로 맛있었다.

그런데, 그때 난 왜 그랬을까?

약혼녀

실내포차 낡은 의자에 다친
그의 왼쪽 네 번째 손가락
함께 움켜잡고
응급실로 달렸다

수술을 해야 한다는 말에
눈물이 맺힌다
세상 노오랗게
스물스물 물들어온다

노오란 세상 앞
한 장의 종이가 놓인다

약혼녀

수술동의서 관계란에 그렇게 쓴다
처음 가져보는 이름

약혼녀

내가 청혼을 받았던가
우리가 결혼하기로 약속했던가

그렇지만 약혼녀라 쓰고
나는 그의 약혼녀가 되었다

강의를 끝내고 늦은 시간 실내 포차에 갔다가 그가 손가락을 다쳤다. 수술 동의서를 쓰라는데, 여자 친구라고 쓰기에는 뭔가 비공식적인 느낌이 들어 '약혼녀'라고 썼다. 약간 울렁거리는 기분이었다. 설렌달까?
참, 그러고 보니 내 왼손 네 번째 손가락에도 어릴 때 다친 상처가 있다.

우린 인연인 걸까?

커플 남방

왜 백화점에 갔을까?
좀체 가지 않는 그곳을

아마 매대에서 골랐을
똑같은 남방 두 장

그에게 입혀 놓고
나에게 입혀 놓고

어린 연인들처럼
웃어본다

이래서 그날 백화점에 갔구나

우리의 커플 남방

쑥스러워서 커플 티 같은 건 외면하고 살았다. 그러면서도 젊은 연인들의 아기자기한 연애 놀이가 부러웠다.
어느 날 우연히 백화점에 들렀다가 똑같은 남방 두 장을 사 들고 왔다. 외출복으로 입기에는 어색해서 일상복으로 입기로 했다.

그날 우리 잠시나마 젊은 연인이 되었다.

충청도 남자_썸

집 앞까지 바래다 주고 돌아갔는데
꼭 잡은 손 아쉽게 놓고 돌아갔는데
내 마음에 그리움 한 자락 풀어두고 돌아갔는데

금세
울리는 전화

- 잘 들어갔어?

맥심 커피처럼
쌉싸름하고 달짝지근한
그의 목소리가
풀어둔 그리움 되감아온다

그는 전화를 참 잘 해주던 사람이었고, 지금도 그렇다. 경상도에서 20여 년을 살다가 충청도로 왔더니 그의 목소리가 얼마나 다디달던지…
삶이 우리를 마구마구 속이던 시절에는 안 듣고 싶었던 적도 있었지만

지금, 그 시절 남편의 목소리가 듣고 싶다.

회식

내 돈 안 내고
맘껏 먹을 수 있는 날

좋은데...
행복하지는 않다

옆자리에 올려둔
포장 음식 비닐 봉투

번거로운데...
행복하지 않을 수는 없다

학원에서 종종 회식을 했다. 같은 곳에서 일할 때는 거의 함께였기에 좋고도 행복한 회식이었는데, '함께'가 아닌 회식은 그리 행복하지 않았다. 그를 위해 포장해 둔 음식. 빨리 그를 만나 맛나게 먹이고 싶었다.

내게도 있었던 달달한 연애 시절

소매치기

손 꼭 잡고 걷던 길
손끝까지 발끝까지 환해져
자꾸만 발길은 어두운 골목길을 밝히러 간다

우리의 걸음마다
밝아지는 골목길이 너무 환하다
좀 어두워도 괜찮은데
생각하는 그 순간

- 퍽
- 어머나
- 다다다닥

남아 있던 어둠이 뛰고,
그도 뛰고

선물 받은 지갑도 새 삐삐도 잃어버렸는데
다시 그가
내 손 꼭 잡아온다

동생에게 선물 받은 지갑과 꽤 들어있던 돈과 새로 산 지 얼마 안 된 삐삐를 소매치기 당했다. 따라잡으려 뛰어가는 그를 보면서, 돌덩이를 집어 드는 소매치기 놈들을 보면서 마음을 놀랐는데 오히려 마음이 환해진다.

손 꼭 잡고 어두운 곳으로만 걷던 어느 날의 데이트

질투

이미
그의 사랑은 나인데
자꾸만 옛 인연을 말하는 그

아!
내가 질투해 주기를 바라는구나

질리도록 사랑할게
투정 부리기 없기

남편의 연애사는 아마 수백번은 들었을 것이다. 그 마음은 도대체 뭘까? 자신이 그만큼 멋진 사람이란 것을 말하고 싶은 걸까? 이미 내게 마음을 줘 놓고선. 나도 첫사랑이 있었다고...

그러나 지금까지도 비밀

긴 하루

하루하루
나의 매일은
그로 가득했다

하루하루
매일 만나도
여전히 그리웠다

그러나

그를 만나지 못한 그 어느
긴 하루
그리움이 나를 삼켜버렸다

함께 살기 전에 거의 하루도 빠지지 않고 만났다. 만나고 돌아오면 금세 걸려오는 전화벨 소리에 더 그리워지곤 했다. 시골집에 가느라 만나지 못했던 그 어느 하루. 알아버렸다. 이제까지의 그리움은 아무것도 아니었다는 것을.

그날 하루는 참 길었다.

결혼 예물

우리는 가난한 연인

다이아몬드 반지도
롤렉스 시계도
해 줄 수 없었다

14K 반지
서로의 아픈 손가락에
끼워주었다

우리는 참 좋겠다
삶이 팍팍해도
결혼 예물 팔 일은 없겠네

우리는 행복한 연인

우리끼리 결혼 준비를 했다. 사실 내가 금반지나 다이아몬드 반지 같은 거추장스러운 것은 좋아하지 않는다. 그저 예쁜 액세서리가 더 좋다. 그래서 우리는 14K 반지 하나씩 사고, 남편 양복 한 벌에 나는 정장 한 벌, 한복 한 벌만 했다.

돌이켜 생각해 보니... 참 잘 했다.

둘

암연조차 밝았던 날

암연의 연인 그리고

- 내겐 너무나 슬픈 이별을 말할 때
조차

- 그땐 꼭 잡은 손을 놓지 않았어
그 순간
조차

슬픈 이별을 말하는
암연 속 연인의 아픔
조차

어둡고 흐린 암연의 시간
조차

녹여내는
그
채워주는
그

우리의 작은 공간엔
이별노래가 밤새
리플레이 되고 있었다

암연 속 연인은
밤새
슬픈 이별에 아파하는데

현실의 연인은
밤새
사랑을 자아내고 있었다

내가 정말 좋아하는 노래... 고한우 님의 〈암연〉. 음원 구하기가 쉽지 않은 시절이었는데, 남편은 음원을 구해 밤새 리플레이해 주었다.
노래를 듣다가 잠이 들고, 자다 깨면 고한우 님이 비에 젖은 듯한 목소리로 이별을 말하고 있었다. 아마 남편은 틈틈이 잠을 깨 리플레이 버튼을 눌렀을 것이다. 그렇게 나는 밤새 남편의 사랑을 느꼈다.

가슴 아린 이별 노래에

소국(小菊)_그

가을 국화였던 그녀에게
하얀 소국 한 다발
안겨주던 그날 저녁
그녀는 하얗게 붉어지고 있었다

소국을 닮아 더 작게
환해지고 있었다

길거리 노점상
술 한잔 하지 않았다면 지나쳤을 그 곳
그녀,
아니 그녀가 좋아한다던 소국에게
발길을 멈추었다

구겨 넣은 거스름돈이
소국을 닮아 더 환하게
밝아지고 있었다

그녀의 손길이 그리워 발길이 빨라지는 가을 저녁
가을 국화 그녀가 내 발길을 묶는다

가을인 듯 겨울인 듯 그런 날. 술 한잔을 한 날이면 남편은 붕어빵이며 떡볶이 등을 사 들고 들어서곤 했다. 살이 찐다고 타박하면서도 마음 따뜻해지곤 했다.
어느 날. 내가 좋아하는 소국을 한 다발 사 들고 온 남편. 그 마음이 정말 고맙고, 행복했다. 내가 좋아하는 꽃을 기억하고, 길거리 작은 꽃 트럭에 발길을 멈추었을 남편의 모습을 생각하니 얼마나 행복하던지.

내가 소국처럼 하얗게 미소 짓던 그날

소국(小菊)_그녀

붕어빵보다 달았다

자그마한 리본 하나 달리지 않은 채
신문지에 둘둘 말린
하얀 소국 한 다발
그 앞에 머물렀을 그의 발길이 생각나
한없이 달았다

손끝부터 시려오는 계절이 오면
그리워지는 것들은
군고구마이기도 했고
붕어빵이기도 했지만

신문지에 둘둘 말린
하얀 소국 한 다발
그의 손에 들려 환하게 웃던 날

그녀
하얗게 붉어지고 있었다
하얗게 단내를 풍기고 있었다

그가 꽃을 사 들고 온 것이 몇 번이었을까? 아마 한두 번 정도가 아니었을까? 그럼에도 그날이 달았던 기억으로 남아있다.
내게도 그런 날이 있었구나. 어쩌면 그런 기억들이 내 힘든 날들을 살게 했다는 생각이 들었다. 늘 잿빛인 듯싶어도 언뜻언뜻 보이는 파란 하늘빛이 있다는 것을 깨닫는다.

남편이 소국 한 다발 들고 환하게 들어서던 그날

점심 시간

집까지 15분
다녀오면 30분
함께 할 시간 20분

그런 날이 있었다

잠시라도 함께 하고파
그녀
잰 걸음을 재촉하던 날이 있었다

그렇게 마주 앉아 밥을 먹으며
그와 그녀
젓가락이 얽히던 날이 있었다

돌아오던 발걸음에 그를 매달고 걷던
초가을 어느날

신혼 때는 정말 보고 있어도 보고팠다. 남편은 집에 있고, 나는 일하는 날에는 힘들어도 꼭 집에 가서 점심을 먹었다. 차도 없던 시절이라 오가는 시간이 더 많았지만, 시간만 되면 집으로 발길을 재촉하곤 했다.
밥을 먹고 차도 한 잔 못하고 돌아서 나왔지만 그래도 행복하고 달달한 신혼이었다.

우리에게도 그런 날이 있었구나.

모닝커피

아직 아내는 밥숟가락 내려놓지도 않았는데
너무 당연하다는 듯한 남편의 한 마디

- 물

물 한 바가지 살포시 쏟아붓고 싶었다

이제는 눈 뜨자마자
너무 당연하다는 듯한 아내의 한 마디

- 자기야, 커피

남편은 살포시 커피 한 잔

향기로 먼저 맛보는
남편의 마음으로 먼저 따뜻한

모닝커피

신혼 때 참 당황스러웠다. 나는 아직 밥을 먹고 있는데, 나보다 빨리 밥을 먹은 남편이 "물" 한다. 너무 당연하다는 듯이. '이게 뭐지' 싶었다. 그래도 달달한 신혼이라 얼른 일어나 물을 챙겨줬다.
얼마쯤 시간이 흐르고 나는 눈 뜨자마자 "자기야, 커피."라고 말한다. 그럼, 남편은 내가 딱 좋아하는 믹스커피를 모닝커피로 타 주었다.

달달한 나의 모닝커피

독수리

밤새 게임을 했다
당당하지만 눈치 보면서

어두우면 까막눈 되는 독수리 되지 말라며
게임을 해도 쓰담쓰담 칭찬을 했다

때론 눈 앞이 까매져
그렁그렁 눈물 매달고, 자는 독수리 깨워도
조롱조롱 졸음 매달고, 불을 밝혀준다
불 밝히고 토닥토닥 다시 날개를 접는다

독수리 곁에
독수리 아닌 나

드디어

컴맹 탈출

풀과 가위를 들고 짜깁기를 해서 수업 자료를 만들던 시절이었는데, 학원에서 짜깁기 금지령을 내렸다.
남편에게 도움을 청했더니 남편은 한글 자판 연습만 열어 주었다. 아무것도 할 줄 모르는 나는 정말 자판 연습 게임만 열심히 했다. 그 당시는 컴퓨터가 한 대여서 남편의 눈치를 보면서. 때론 작업하던 문서를 날려서 자는 남편을 깨우곤 했다. 그때도 남편은 짜증 한번 내지 않았다.
덕분에 컴맹 탈출을 할 수 있었을 뿐만 아니라 지금까지 타자는 분당 3~400타는 거뜬하다. 여전히 남편은 독수리 타법이다.

정말 훌륭한 나의 컴퓨터 선생님

선물

홈쇼핑 보다
예쁜 것 보면
나보다 먼저 전화기를 든다

지나다
예쁜 것 보면
나에게 먼저 선물을 한다

내겐
당신이 선물인데

남편은 내가 꾸미는 것을 참 좋아했다. 홈쇼핑을 보다 내게 어울릴 만한 옷을 보면 나보다 먼저 전화기를 들곤 했다. 자잘한 소품들도 잘 사 들고 들어오곤 했다.
그때는 몰랐네.

당신이 선물이라는 것을...

엄마 사위

울 엄마 넷째 사위는
텃밭에 간 엄마 따라 나가
고시랑 고시랑
엄마 얘기를
조로롱 조로롱
매달고 온다

울 엄마 넷째 사위는
트롯트 좋아하는 엄마 따라 들어와
칠갑산 산 자락
풀어놓는다

울 엄마 넷째 사위
내 남편

남편은 그리 사교적인 성격은 아닌데, 우리 엄마와는 이야기를 참 잘 했다. 집에 돌아와 남편과 이야기하다 보면 내가 모르는 이야기들을 풀어놓곤 했다.
무심한 넷째 딸보다 다정했던 우리 엄마의 넷째 사위

내 남편

행복이와 행운이

어떻게 내게로 왔을까
잘 기억나지 않지만
내 품에 안긴 돼지 인형 두 마리

가슴에 새겨진 이름 그대로
행복이와 행운이가 되었다

우리 품에서 잠들고
우리 품에서 눈뜨고

술 한잔에 기분 좋아지면 남편은
주머니 속 꼬깃한 지폐 쫙 펴서
행복이와 행운이의 주머니에 넣어주곤 했다.
용돈을
아니, 사랑을 넣어주곤 했다

우리에겐 가족이었던
돼지 인형 두 마리
행복이와 행운이

과묵하고 무뚝뚝해 보이는 사람인데, 알고 보니 내 남편은 참으로 자상하고 재미있는 사람이었다. 곰돌이 푸에 나오는 피글렛, 그 돼지 인형 두 마리를 우리는 마치 자식처럼 대했다. 특히 남편은 종종 행복이와 행운이에게 용돈을 주곤 했다.

우리의 가족이었던 행복이와 행운이

아내, 그녀는 술 못하는 술친구

담배 연기 자욱한 호프집이었던가
켜켜 묵은 어둠이 걷히기 시작하는 편의점 파라솔 아래였던가
그는 평생 술친구를 해달라 했다
나는 수줍게 고개를 끄덕였던가 그냥 빙그레 웃었던가

한 잔 술에도 붉은 꽃이 되는 난
그렇게 그의 술친구가 되었다

몇 년이 흘러 술 못 마시는 나에게 그는
자신이 그렇게 좋았냐며 놀리곤 했다
그 말에 난 한 잔 술도 안 마시고 붉은 꽃이 되었다

또 몇 년이 흘러 술친구는 무슨
술도 남편도 다용도실 한구석에 쓰윽 밀어두고 싶지만
그래도 여전히 난 당신의 술친구, 당신의 안해

연애 시절 아무리 술을 마셔도 흐트러짐이 없던 그. 결혼한 후에는 얼마나 수다쟁이던지. 20여 년 세월 동안 남편의 술친구를 해 주느라 참 힘들었다.

오늘은 그의 술친구를 해 주고 싶다.

셋

잿빛의 날

산책

잠든 그의 얼굴을 들여다보다
울컥울컥 쓴물이 올라와
내 새끼 초롱이와
바다를 보러 간다
바다를 보면
울컥울컥 올라오는 쓴물이
내려갈 것 같았다

새벽이 오고 있는 서해 바다는
여전히 어둠을 밀어내지 못하고
여전히 밀물처럼 어둠이 밀려들고 있었다

울컥울컥 올라오는 쓴물을
차라리 다 토해내고 싶었는데
그저 내 목구멍 어디쯤에서 출렁이고 있었다

전화벨이 울린다

- 어디야
- 응, 초롱이랑 산책 나왔어

돌아보니
초롱이가 꼬리를 흔들며
내 쓴물을 쓸어내고 있었다

우리의 밤 산책

그런 날이 있었다. 그저 바라만 봐도 숨이 막히고 답답해져 오는 그런 날이.
바다를 보러 가서 바다를 제대로 보지도 못했는데 전화벨이 울린다. 아무렇지도 않은 듯 '초롱이와 산책 나왔어.' 하고는 다시 달렸다.
무엇 하나 해결된 것은 없는데, 초롱초롱한 눈빛으로 꼬리를 살랑거리는 초롱이를 보니 마음이 조금 가라앉는다.

그와 나 사이, 초롱이가 있었다.

집 앞

집 앞에 차를 세웠다

빽빽한 농도의 물 속인 듯
차 문이 열리지 않는다

한참
숨을 고르고
온 힘을 다해 문을 연다

이제는 뻘밭이다
생명을 키워내지 못하는 듯
생명을 보내고 싶지 않은 듯
자꾸만 내 종아리를 잡아당긴다
어느새 허벅지까지 뻘밭이다

또 물 속이다

또 집 앞이다

퇴근하고 돌아와 집 앞에 차를 세우고 한참이나 멍하니 앉아 있곤 하던 날이 있었다. 20여 미터의 거리가 어쩜 그리도 멀었던지.

그렇게 집 앞에 서 있곤 하던 날이 있었다.

나도 아내가 있었으면 좋겠다

남편에게 있는 아내가
내게는 없다

남편에게는
밥 차려주고
빨래 해 주고
잔소리도 해주는 아내가 있는데

내게는 없다
아내가

나도 아내가 있었으면 좋겠다

결혼해서 살면서 일하지 않은 시기가 두 달 정도이다. 그리곤 늘 일도 하고, 살림도 했다. 살림했다고 하기에 참 미안한 솜씨이지만. 그래서 늘 꿈꾼다.

나도 아내가 있었으면.

해감

성마른 발길에 어둠을 밟아
무릎에 생채기를 냈다

뻘밭 조개처럼
시커먼 뻘을
밤새 해감해냈다

20여 년
시나브로 스며들어 속을 꽉 채운
짠내 나는 뻘들
밤새 토해냈다

짠내 나는 뻘밭에서
계속 뒹굴어야 했을까
짠내 나는 뻘을
짠내인지도 모르고 먹으면서

해감을 끝냈으니
자!

이제 밥상에 오를 시간이야

좋아서, 사랑해서 결혼했는데 참 힘들었다. 힘들다 말도 못 하면서. 어느 날 밤길에 넘어져 무릎에 제법 큰 상처가 났다. 무릎 상처가 계기가 되어 그동안의 설움이 폭발했다. 조개가 해감하듯 설움을 쏟아내고 나니 좀 후련해지면서 새롭게 시작할 힘이 생겼다.

그것이 설령 누군가의 밥상 위라 할지라도

생일 케익

생일 케익에 초가 하나씩 더해 질 때마다
늘어난 설움이 뱃살이 되고
그녀
더 이상 웃지 않는 날들이 많아졌다

잊지 않고 챙겨주는 남편이 고맙다가도
그녀
삼백 육십 사 일을 떠올린다

웃고 있지만
웃지 않는 날

생일 케익을 앞에 둔 그녀

돌이켜 생각해 보니 남편은 참 자상한 사람이었다. 함께 사는 동안 한 해도 빼놓지 않고 생일을 챙겨주었다. 풍성하기도 했고, 때로는 단출하기도 했지만. 그럼 변한 건 나였을까? 어느 날부터 생일 케이크조차도 힘겨웠다. 남편과의 술자리가 힘들어졌다. 평생 술친구 해 달라고 했는데, 그저 내 생일날만이라도 아무도 없이 그저 하루 푹 쉬고 싶었다.

그래, 내가 변했나 보다.

나들이

나만 들고 가기에도 버거운데
너도 들고 가려니 더 버거운

우리의 나들이

남편은 집돌이였고, 나는 집 밖을 좋아했다. 그래서 함께 하는 여행은 거의 못 갔다. 가끔 나들이를 가면 운전도 내가 하고, 음식도 내가 챙기고, 반려견들도 내가 챙겨야 했다.
나들이 뿐만 아니라 결혼 생활이 내게는 너까지 들고 가야 하는 나들이 같았다.

차라리 혼자 떠나고 싶었던 날들이었다.

막냇동생

육 남매의 다섯째
칠 남매의 막내를 만나
막냇동생 하나 데리고 산다

떼 쓰고
고집 부리고
어리광 부리는
막냇동생 하나 데리고 산다

40여 년 전
빨간 부츠 사 달라고
떼쓰던
육 남매의 막내, 내 막냇동생처럼
징그럽게 사랑스러운

다 큰 막냇동생 하나 데리고 산다

남편은 참 막내다웠다. 자신은 아니라는데 내가 보기에는 딱 막내였다. 어쩌면 집안 형편상 어리광을 부리지 못하다가 내게 그 막내 짓을 한 것일는지도.
갖고 싶은 것이 있는데 비싸거나 하면 스스로 사지 않고서 내게 짜증을 내곤 했다. 자존심은 있어서 다른 걸 핑계로 짜증을 냈다.

다 큰 막냇동생. 아직도 데리고 살고 있다.

삶의 무게 1

둘이서 길을 걷다 주운
예쁜 돌멩이 하나

- 잠시 들고 있어봐
- 그래
발걸음이 가볍다

한 걸음 내디딜 때마다
돌멩이 하나씩 늘어간다

가쁜 숨 내쉬며 다리쉼하고 있는데
또 하나의 작은 돌멩이를 집어 든다
그 돌멩이 내보이며

- 이게 무거워?
- 아니

그렇게 내 등에는
무겁지 않은 돌멩이가 가득
무겁게 매달려 있었다

그랬다. 하나의 돌멩이는 그리 무겁지 않다. 아니, 오히려 존재감을 느낄 수 없을 만큼 가볍다.

- 청소가 힘들어?　　　- 아니, 좋아하진 않지만 힘들진 않아.
- 빨래가 힘들어?　　　- 아니, 세탁기가 다 하는데 뭘.
- 애들 목욕이 힘들어?　- 아니, 보송보송한 애들 보면 좋지.

그런데 그 모두가 내 일이라면. 내 삶의 무게...

삶의 무게 2

함께 있어도
없는 듯한 사람이

함께 없으면
꼭 따라와
내 등에 업힌다

곁에 있을 때는 집안일도 도와주지 않아서 없는 듯한 사람인데, 집에서 나와 혼자가 되면 전화로, 무언의 눈치로 자신의 존재감을 드러내곤 했다. 결코 가벼울 수 없는 내 삶의 무게.

남편

충청도 남자_쌈

썸 탈 때는
다정해서 좋았는데

살다 보니 쌈이 되는
충청도 남자의 다정함

남편은 연애 때부터 전화를 참 잘했다. 결혼하고도 모임이 있으면 도착했다, 저녁 먹었다, 어디로 이동한다고 수시로 전화를 해 주었다. 연애 때는 그 다정함이 참으로 좋았는데, 살다 보니 때로 아니 자주 짜증이 나곤 했다.

썸이 쌈이 되게 한 건 그가 아니라 나였나보다.

넷

그래도 사랑

여보, 밥 먹었어?

두 눈 가득 봄 햇살
말에도 향기가 묻어나던 그때
여보, 밥 먹었어? 하며
사랑밥을 차려냈다

가늘게 부릅뜬 눈
말에도 가시가 돋아나던 그때도
여보, 밥 먹었어? 하며
종종 얼음밥을 차려냈다

콧줄이 밥줄이 된 울 여보
더운밥이든 찬밥이든
차려내고 싶다

여보, 밥 먹었어?
여보, 밥 먹자.

남편이 뇌경색으로 쓰러진 지 2년 8개월쯤 되었을 때였다. 주치의 선생님께 콧줄을 껴야 한다는 이야기를 들었다. 그도, 나도 적응하기 힘들었다. '산다는 게 뭐지?' 하는 생각이 들었다.
남편에게는 그렇게 콧줄이 밥줄이 되었다. 그러고 보니 참 많은 세월 남편에게 얼음밥을 차려냈음을 깨달았다. 밥 한 그릇 차려주지 못하는 때가 되어서야.

남편에게 따뜻한 밥 한번 차려주고 싶다.

시 읽어주는 여자

남편과의 전화 통화는
늘
여보, 밥 먹었어? 로 시작했다

콧줄이 밥줄이 되고
여자는 할 말을 잃어버렸다

남편과 그 여자
그 사이
많고 많았던 밥

꽤 오랫동안
그 여자
밥을 잃고는
할 말조차 잃은 듯 했다

남편과의 전화 통화는
이제 늘
한 편의 시로 시작한다

콧줄이 밥줄이 되었지만
여자는 할 말을 되찾았다

남편과 그 여자
그 사이
많고 많았던 밥처럼
따뜻한 시 한 편이 구숩다

밥을 잃고서야 밥이 얼마나 큰 의미인지 알게 되었다. 또 무엇을 잃어야 그것의 소중함을 알게 될까? 그래서 순간순간 행복을 느끼며 살아가는 법을 배우고 있다.

매일매일 행복하기

일단은 대기중

이제 막 비행기에서 내려
캐리어를 끌며
일상으로 돌아가고 있었다

대체로 평화롭지만
대부분 무거운
나의 일상으로

달달한 믹스커피로
빈 위장 속 어둠을 걷어내는
뚱냥이의 보드라운 체온으로
지친 몸 위에 어둠 한 자락 덮어주는

그곳으로 돌아가고 있었다

띠 띠디디 띠띠
띠 띠디디 띠띠
울리는 전화벨이
달달달 굴러가는
캐리어에 매달렸다

콧줄만도 힘겨운데
날 봐달라는 듯 내리지 않는
남편의 열이 함께
캐리어에 매달렸다

대체로 평화롭지만
대부분 무거운
나의 일상

그 상태로
일단은 대기중

14~5년 만에 다녀온 친구들과의 해외여행. 공항에서 경전철을 타고 돌아오는 중에 전화를 받았다. 남편의 상황이 좋지 않아 상급 병원으로 전원을 고려하고 있다고 했다.
아무 일도 없는 듯싶지만, 아무 일도 없는 것은 아닌 그날의 기록이다.

결국 다음날 남편은 상급 병원 응급실로 갔다.

사랑한다 말을 못해도

아침이면,

나른한 졸음이 매달려오는
이른 오후 출근길이면,

하루 일과를 마치고
지친 몸뚱아리 던져둔
해 저물 무렵이면,

울리는
전화벨 소리

'사랑한다' 말한다

사랑한다 말을 못해도
사랑한다 말을 듣는다

남편의 뇌경색은 언어 장애도 함께였다. 처음 생각에는 조금 지나면 그의 목소리를 들을 수 있을 줄 알았다. 그런데, 여전히 말을 못 한다. 그래도 하루 세 번 이상 전화하는 남편. 그래, 내 남편은 그렇게 자상한 사람이었지.
그는 사랑한다는 말을 못 하는데, 난 듣는다.

'사랑한다'는 말을

손편지

그에게 가는 손편지는
우표가 붙지 않는다
우표 대신 그리움 덕지덕지 붙인다

그에게 가는 손편지는
우체통에 넣지 않는다
우체통 대신 간식 가방에 넣는다

그에게 가는 손편지는
우체부 아저씨 손에 닿지 않는다
건물 앞 테이블 위해 쓸쓸히 웅크린다

그와 그녀의 은하수
코로나

그에게 가는 손편지는
오늘도 힘겹게
은하수를 건넌다

2019년 코로나가 시작되고 2020년 어느 날부터 병원 면회가 불가능해졌다. 매일 찾아가던 남편에게 못 가는 것은 몸은 편했지만, 마음은 불편했다. 그래서 일주일 분의 간식과 일주일 분의 편지를 써서 병원 입구에 마련된 테이블 위에 올려놓고 왔다. 나에게 시간적 여유를 주었지만, 마음마저 편하지는 않은 날들이었다.

우리의 은하수 코로나

사진

추억 가득한 사진을 들고
사진관을 찾았다

서른 즈음의
그는 참으로 시원했다

며칠이 지나 다시
사진관을 찾았다

오십 즈음의
그는 참으로 아팠다

몇 번 남편에게 위기의 순간이 있었다. 준비 안 된 이별이 두려워 영정 사진을 준비하려 했는데 마땅한 사진이 없었다. 그래서 결혼할 즈음의 사진을 들고 사진관을 찾아가 이십 년 정도 나이 든 모습으로 만들어 달라고 했다. 남편인 듯 남편 아닌 듯한 그 사진을 보면서 참으로 아팠다.

남편이 이 세상 소풍을 좀 더 즐겼으면 좋겠다.

20분

사랑하기에
한없이 부족하지만

함께 하기엔
정말 긴 시간

면회 시간

매일 남편 면회를 간다. 우리에게 주어진 시간은 하루 20분. 아이들이 게임 한 판 하기에도 부족한 시간이고, 드라마 한 편도 볼 수 없는 시간이다. 그런데 말을 못 하는 남편과의 20분은 결코 짧지 않다. 아니 참으로 길다. 그래서 더 열심히 이야깃거리를 만들고 있다.

매일매일

길냥이 브이로그

내가 좋아하는 것
차박하기, 걷기, 멍때리기, 뒹굴거리기, 강아지
그리고 고양이

4개월 아기 길냥이 도도는
내 품에 안았지만
내 품이 그리 넓지 못해
열댓마리 길냥이들은
천흥 저수지
그 넓은 품에 안겨두었다.

내 작은 품이 미안해
사료 한 봉지씩 들고
사랑 한 움큼씩 들고
저수지를 찾는다.
길냥이 브이로그를 찍는다

내가 준 한 웅큼의 사랑은
남편에게 들려줄 한 권의 시집이 된다.

길냥이 브이로그

유튜브를 시작하면서 내가 좋아하는 것이 무엇인지 생각해 봤다. 차박, 여행, 책, 등산, 사진 찍기 등. 이것저것 생각해 봐도 털 달린 동물인 강아지와 고양이다. 지금 강아지는 키우고 있지 않으니 그렇다면 고양이, 그중에서도 매일 운동가는 곳의 길냥이들이 생각났다. 길냥이들의 사진과 영상을 찍고 유튜브에 올리면서 남편과의 이야깃거리가 풍성해졌다.

작은 사랑 큰 사랑으로 돌려주는 내 새끼 길냥이들

분기 부부

우린 주말 부부
아니
분기 부부였다

무슨 일이 생겨야만
만날 수 있는
분기 부부였다

차라리
별리(別離) 부부여야 했지만
남편은 분기별로 아프곤 했다
그래서 우린 분기 부부였다.

보고픈 맘
참다 참다
오른 열이 까막까치 되어 은하수 건너는
우린 분기 부부였다

2023년까지 코로나로 인해 병원 면회를 할 수 없었다. 타 병원으로 진료를 가거나, 상급 병원 전원을 해야 할 경우에만 만날 수 있었다. 그때는 만나지 않는 것이 좋은 상황이었다. 그런데 남편은 분기별로 아프곤 했다. 내가 보고 싶었나보다.

우리는 분기별로 만나는 분기 부부였다.

보이는 사랑

병원 복도에서나마 허락된 만남
소중하고 감사해
더 많이 바라보고
더 많이 손잡아주고
더 많이 속삭여주었다

창 밖엔
이미 봄인데
이곳엔 아직 이르지 않은 봄
마주 잡은 손에서 퍼져 나온 온기가
봄 햇살로 번져가고 있었다

겨우
손 놓고 돌아서 나오는데

- 이런 부부 없어요
간호사 님의 한 마디

아! 보이는구나.
겨울을 밀어내듯 들어서는 봄날이

우리의 보이는 사랑

드디어 일주일에 한 번 정도 면회할 수 있게 되었다. 매주 약속을 잡고 코로나 키트 검사를 하고 남편을 만났다. 어느 날 면회를 마치고 돌아서는데 담당 간호사께서 말을 건넨다.
"윤대수 님이 아프시기 전에 참 잘하셨나 봐요? 요즘 이런 부부 없어요."
자주 못 보기에 얼굴 보는 순간만큼 온전히 사랑하고 싶은 내 마음을 본 걸까?

우리의 보이는 사랑

다섯

그리고 사랑

사랑, 그 처음의 설렘

그때 난
그때 넌
그때 우리는

설레기만 했을까
우린

서로를 마주 보느라
서로의 눈빛을 마주 하느라
서로의 두 손을 꼬옥 맞잡느라
서로의 입술을 살짝 대어보느라

설렘보다 더 큰 두려움을

두근두근
너의 가슴 설렘과
두근두근
나의 가슴 설렘으로
설렘보다 더 큰 두려움을
감싸 안았던 것은 아닐까

세월이 흘러
첫사랑 그 사람은 내 곁에 없지만
또 다른 첫사랑으로
가슴 설렌다

사랑, 그 처음의 설렘

나는 나를 사랑한다. 그동안은 표현 못하고 지내왔는데, 요즘은 나에 대한 사랑을 적극적으로 표현하며 살고 있다.
차박은 그 시작이었다. 작은 차를 캠핑카로 꾸미고 행복했던 날. 첫 차박의 두려움과 더 큰 설렘.

나는 그렇게 나와의 사랑앓이를 시작했다.

푸르른 날

눈부시게 푸르른 청춘이었는데
그때의 난
회색의 푸르름이었다

설렘보다 두려움이 많아
희망보다 걱정이 많아
여기저기 멍든 푸르름이었다

눈부시게 푸르른 청춘이다
지금의 난
은빛 머릿결 푸르른 청춘이다

눈길 가는 곳마다 설레고
손길 가는 곳마다 살랑거려
여기저기 오월의 햇살 같은 푸르름이다

나의 청춘은 오늘이다

2~30대. 그때의 풋풋함과 열정은 참 아름다웠다. 그러나 많이 부족하고, 어설프고, 두려웠다. 어쩌면 그래서 더 아름다웠을까?
50대가 되었다. 이때가 되면, 삶을 다 살아낸 사람들의 여유가 있을 줄 알았는데, 그래서 빛나지 않을 줄 알았는데 여전히 푸르다. 여전히 빛난다. 나의 푸르른 날은,

오늘이다.

멍

하루를 살면
하루치의 멍이 든다

보이는 곳에
보이지 않는 속살에
때론 감춰둔 기억 속에

물멍
불멍
그냥 멍……

멍은 멍으로 치유된다

맑은 날이든 흐린 날이든 비가 오는 날이든 살다 보면 여기저기 알게 모르게 멍이 든다. 그냥 두면 아픈 줄도 모르는 멍투성이의 삶. 나는 자연 속에서 '멍'하면서 '멍'을 치유한다. 상처가 되기 전에.

오늘은 무슨 '멍'을 할까?

풍경 소리

부처님을 만나려면
걷는 수고로움을 마다하지 않아야 한다

또각또각 계단을 오르고
자박자박 자갈돌도 밟고
때로는 작은 물웅덩이도 건너 뛰어야 한다

한 걸음 한 걸음마다
하나씩 하나씩
내려놓아야 한다

대웅전 앞 마당에서
다리쉼을 하며
풍경 소리로 귀를 씻어야 한다

부처님을 만나려면
내가 부처가 되어야 한다

화창한 초여름날, 지나는 길에 작은 사찰에 들렀다. 사찰 건물 추녀 끝에 매달린 풍경이 바람에 맑은 소리를 낸다.

조심스레 사찰 마당을 걸어본다.

와록사(臥鹿沙)

산도 누워서
사슴도 누워서
모래조차 누워서
바다를 보는 곳

나도
누워서 바다를 본다

- 와록사(臥鹿沙)
옥 같은 모래가 누워 있다는 뜻에서 처음에 와옥사(臥玉沙)라 불렸다. 그러다가 시간이 지나면서 어느덧 와옥사(臥玉沙)가 와록사(臥鹿沙)로 변하였다는 설이 있고, 마을 뒷산의 모습이 사슴이 누워 있는 것과 같다고 하여 와록사라고도 한다.

[네이버 지식백과] 와록사 [臥鹿沙] (한국향토문화전자대전)

해변 산책로가 예쁜 와록사. 울릉도 여행 내내 그곳에서 아침을 맞았다. 파도 소리 들으며 잠에 들고, 파도 소리 들으며 잠에서 깼다. 차박이라서 가능한 일이었다.(현재는 차박을 할 수 없다.)
와록사 그 이름처럼 나도

누워서 바다를 봤다.

바다 바라기

와록사에서
바다 바라기를 했다

캠핑 의자에 앉아
책 한 권 멋으로 들고
뒷산이 만들어주는
작은 그늘에 의지해
바다 바다기를 했다

해 바라기는 싫어서
한 뼘씩 한 뼘씩
자리를 옮겨가며
바다 바다기를 했다

산도
사슴도
모래조차 누워서 바다 바라기를 하는
와록사
그곳에서

햇볕이 따갑지 않은 아침, 의자를 옮겨가며 바다 바라기를 했다. 잠시 책을 보기도 했지만, 멍하니 바다를 바라보는 시간이 훨씬 길었다. 누워서 본 바다를 캠핑 의자에 앉아서도 보았다.

와록사 그곳에서

울릉도 깔따구

몽돌몽돌
죽암 몽돌에서
동해를 바라보며 하룻밤
신선이 되고팠는데

울릉도 깔따구
피식 비웃음을 날리며
발뒤꿈치를 깨문다
발뒤꿈치부터 깨닫는다

아!
신선 발뒤꿈치도 못 따라갈 인간이여

울릉도 모기는 아주 달랐다. 이름도 '깔따구'라 한다. 옷을 뚫고 들어왔고, 물린 곳은 일주일이 되도록 가려웠다. 그러니 어찌 편하게 바다만 바라볼 수 있겠는가. 그래서 또 깨닫는다. 인간의 부족함을.

한없이 겸손해져야 함을

별유천지비인간

사천 원

오늘 하루 내가
신선이 되기 위해
치른 값

엘리베이터로
위이잉
몇 초만에 올라

뚜벅뚜벅
다리를 건너고

터벅터벅
나무 계단을 오르면

와락
바다와 하늘과 바람이
안겨드는 곳

별유천지비인간(別有天地非人間)

- 별유천지비인간(別有天地非人間)
당나라 시인 이백의 유명한 시 〈산중문답(山中問答)〉에 실려있는 구절로 속세에 물든 인간 세계와는 전혀 다른 이상적인 공간을 나타낸다.

일을 마치고 휴식 없이 떠나온 여행 첫날. 관음도에 갔다. 오르는 길이 너무 힘들어서 그냥 돌아 내려가고 싶었다. 억지로 터벅터벅 걸었다. 그런데, 잠시 뒤돌아본 그 순간 와락 달려드는 바다와 하늘과 바람.

신선이 되기에 충분했다.

울릉 국화

하늘은
커피 한 잔 하고파
울릉 국화 창을 기웃거리고

커피는
바다가 그리워
바람에 커피향을 실어 보낸다

울릉 국화는 관음도가 바라다 보이는 예쁜 찻집이다. 찻집 안과 밖, 솜씨 좋은 주인장의 그림이 가득하다. 그래서 더 정겨운 울릉 국화.

그곳에서 바다를 바라보고 싶다. 또.

그랬을 것이다

깍새섬 사는 깍새가
한번씩
울릉도로 날아갈 때마다
깍새섬 사는 억새는
울음을 울었을 것이다

깍새섬에 둥지를 튼 깍새는
사람의 온기 그리울 때마다
휘이익
큰 섬으로 날아가
밥 짓는 내 구수한
굴뚝 가 나무 위에 앉았을 것이다

깍새섬에 둥지를 튼 억새는
사람의 온기 그리울 때마다
휘익 휘익
울면서
밥 짓는 내 구수한
깍새를 불러 들였을 것이다

깍새와 억새는
그렇게
온기를 나누며
깍새섬을 지켰을 것이다

-깍새섬
관음도의 옛이름.
울릉도와 관음도를 연결하는 다리가 생기기 이전을 생각하며 씀

무인도였던 관음도는 정말 아름다운 곳이다. 그러나 다리가 놓이기 전까지는 사람들의 발길을 허락하지 않았을 듯싶다. 섬으로 오르기 쉽지 않아 보인다.

무인도였던 관음도의 외로움을 들여다보았다.

여보,
밥 먹었어?

발행	2024년 12월 13일
지은이	김편선
펴낸곳	북인스토리
출판등록	제2024-000101
주 소	경기도 용인시 기흥구 금화로3, 주공프라자 202-A25호
이메일	bookinstory01@gmail.com
ISBN	ISBN 979-11-990420-1-8

이 책은 저작권법에 따라 보호받는 저작물이므로 무단 전재와 복제를 금지합니다.